BEI GRIN MACHT SICH WISSEN BEZAHLT

- Wir veröffentlichen Ihre Hausarbeit, Bachelor- und Masterarbeit

- Ihr eigenes eBook und Buch - weltweit in allen wichtigen Shops

- Verdienen Sie an jedem Verkauf

Jetzt bei www.GRIN.com hochladen und kostenlos publizieren

Bibliografische Information der Deutschen Nationalbibliothek:

Die Deutsche Bibliothek verzeichnet diese Publikation in der Deutschen Nationalbibliografie; detaillierte bibliografische Daten sind im Internet über http://dnb.d-nb.de/ abrufbar.

Dieses Werk sowie alle darin enthaltenen einzelnen Beiträge und Abbildungen sind urheberrechtlich geschützt. Jede Verwertung, die nicht ausdrücklich vom Urheberrechtsschutz zugelassen ist, bedarf der vorherigen Zustimmung des Verlages. Das gilt insbesondere für Vervielfältigungen, Bearbeitungen, Übersetzungen, Mikroverfilmungen, Auswertungen durch Datenbanken und für die Einspeicherung und Verarbeitung in elektronische Systeme. Alle Rechte, auch die des auszugsweisen Nachdrucks, der fotomechanischen Wiedergabe (einschließlich Mikrokopie) sowie der Auswertung durch Datenbanken oder ähnliche Einrichtungen, vorbehalten.

Impressum:

Copyright © 2016 GRIN Verlag, Open Publishing GmbH
Druck und Bindung: Books on Demand GmbH, Norderstedt Germany
ISBN: 978-3-668-22654-8

Dieses Buch bei GRIN:

http://www.grin.com/de/e-book/322562/das-bundesverfassungsgericht-entstehungsgeschichte-und-zustaendigkeiten

Mubeen Akhtar

Das Bundesverfassungsgericht. Entstehungsgeschichte und Zuständigkeiten

GRIN Verlag

GRIN - Your knowledge has value

Der GRIN Verlag publiziert seit 1998 wissenschaftliche Arbeiten von Studenten, Hochschullehrern und anderen Akademikern als eBook und gedrucktes Buch. Die Verlagswebsite www.grin.com ist die ideale Plattform zur Veröffentlichung von Hausarbeiten, Abschlussarbeiten, wissenschaftlichen Aufsätzen, Dissertationen und Fachbüchern.

Besuchen Sie uns im Internet:

http://www.grin.com/

http://www.facebook.com/grincom

http://www.twitter.com/grin_com

Ziel dieser Hausarbeit

Das Ziel dieser Arbeit richtet sich auf die Ansicht danach, die Stellung des obersten Verfassungsgerichtes mithilfe von Zuständigkeiten und insbesonders die Wichtigkeit der Erfüllung dieser Aufgaben vorzustellen. Mithin sind wichtige Fragen ausgeführt worden, wie:

Wie kamen diese Zuständigkeiten zustande?

Wie verhielten sich die "Gestalter" des Gerichtes im Bezug auf die Stärke im rechtlichen und einschließlich politischem Sinne?

Wie sehen die wichtigsten Verfahren aus?

Mit diesen und weiteren Fragen führt diese Arbeit zum Fokus des politischen Lebens, die den Schein auf Kritik und Vorwürfe des Gerichtes fällt. **Jedoch wird die Kritik nicht in dieser vorgestellt und behandelt. Erst aber in der demnächst öffentlich zugänglichen Arbeit, genannt- Kritik am Bundesverfassungsgericht-, ist das spannende Thema zu erhalten.**

Inhalt

1 Das Bundesverfassungsgericht 3

    1.1 Notwendigkeit und Bedeutung eines Verfassungsgerichtes 3

    1.2 Aufbau und Organisation 3

2 Entstehungsgeschichte des BVerfG und erste Ansätze 4

    2.1 Einleitung 4

    2.2 Erste Ansätze im 19. Und 20. Jahrhundert 4

        2.2.1 Paulskirchenverfassung - Reichsgericht 4

        2.2.2 Weimarer Reichsverfassung - Staatsgerichtshof 5

    2.3 Der Verfassungskonvent von Herrenchiemsee 1948 5

    2.4 Der Parlamentarische Rat 1948/49 7

3 Zuständigkeiten 9

    3.1 Verfahrensarten 10

        3.1.1 Verfassungsbeschwerde (Artikel 93 (I) Nr. 4a GG) 10

        3.1.2 Parteiverbotsverfahren (Art. 21 (II) GG) 13

        3.1.3 Das Bund und Länder Streitverfahren (Art. 93 (I) Nr. 3 GG) 15

        3.1.4 Organstreitverfahren (Art. 93 I Nr. 1 GG) 17

        3.1.5 Abstrakte/Konkrete Normenkontrolle (Art. 93 Abs. 1 Nr. 2 und 2a GG)....19

    3.2 Problematiken und Änderungen 21

        3.2.1 Überlastung? 23

Bundesverfassungsgericht

Schwerpunkt - Zuständigkeiten

1 Das Bundesverfassungsgericht

1.1 Notwendigkeit und Bedeutung eines Verfassungsgerichtes

Verfassungsgerichte üben wichtige Aufgaben im rechtlichen sowie im politischen Gebiet aus. Die Notwendigkeit eines Verfassungsgerichtes ist in der Zeit der nationalsozialistischen Herrschaft zu erkennen. Zwar herrschten Rechte für den einzelnen Bürger, jedoch wurden sie ignoriert und nicht beachtet. Den Verfassungsvätern veranlasste diese Ignoranz neu in der Demokratie umzusetzen. Sie entschieden sich für ein Verfassungsgericht mit weitreichenden Kompetenzen, die vor ihm kein Gericht zu erkennen gab. Um diese Idee umzusetzen, bildete sich der sog. Parlamentarische Rat, dem es am Schluss gelang, die Rechte, Pflichten und die Kompetenzen des BVerfG zu gestalten. Die Vorstellungen im parlamentarischen Rat sind im Punkt 2.3 beschrieben worden.

1.2 Aufbau und Organisation

Das Bundesverfassungsgericht besteht aus zwei Senaten mit je 8 Richtern. Ein Ausschuss des Bundestages, der aus 12 Bundestagsabgeordneten besteht, und der Bundesrat wählen jeweils mit Zweidrittelmehrheit die Hälfte der Richter beider Senate (Artikel 94 I GG). Wählbar sind Bundesrichter sowie Personen mit der Befähigung zum Richteramt, also mit beiden juristischen Examen. Sie müssen 40 Jahre oder älter sein und das Bundestagswahlrecht besitzen. Die Mitglieder des Bundesverfassungsgerichts dürfen weder Organen der Legislative noch Organen der Exekutive des Bundes oder der Länder angehören. Die Amtsdauer der Richter des Bundesverfassungsgerichts beträgt 12 Jahre (jedoch maximal bis zum Erreichen einer Altersgrenze von 68 Jahren). Eine erneute Wahl ist ausgeschlossen.

2 Entstehungsgeschichte des BVerfG und erste Ansätze

2.1 Einleitung

Die Paulskirchenverfassung und die Weimarer Reichsverfassung enthielten in ihren Verfassungen zwei spezielle Gerichte. Im Folgenden sind die Zuständigkeiten der zwei Gerichte enthalten, wo mithin auch ein kleiner Vergleich der Stellung ausgeführt wurde.

2.2 Erste Ansätze im 19. Und 20. Jahrhundert

2.2.1 Paulskirchenverfassung - Reichsgericht

Erste Ansätze, die schon "stark" während dem 19. Jahrhundert vorzufinden sind, erschienen in der Paulskirchenverfassung. Es entstand ein Vorparlament mit 500 Mitglieder mit Sitz in der Paulskirche in Frankfurt. Seine Ähnlichkeit zu dem des 100 Jahren danach entstandenem Parlamentarischen Rat war groß, denn dieses Vorparlament hatte die Aufgabe einen Verfassungsentwurf zu bilden. Eine Regelung, die eine Verfassungsgerichtsbarkeit beschrieb, war in Paragraph 126 vorzufinden, in der ein oberstes Verfassungsgericht zugefügt war, das den Namen "Reichsgericht" trug. Da außerdem eine konstitutionelle Monarchie mit einer Gewaltenteilung vorgesehen war, galt es nebenbei als höchstes judikatives Organ. Seine Aufgaben bestanden darin die Grundrechte der Bürger zu bewahren, was deutlich zu der Richtung der heutigen Verfassungsbeschwerde zugeht. Außerdem besaß es Verfahren, die letztlich einige Streitigkeiten aufwiesen.

Sie gehören insgesamt zu den 12 weiteren Verfahren, die im Folgenden zusammgefasst sind:

- Streitigkeiten zwischen einzelnen deutschen Staaten
- Streitigkeiten bei der Auslegung der Landesverfassung
- Streitigkeiten bei Auseinandersetzungen über die Thronfolge

Im Hinblick auf die Zuständigkeiten des vorgesehenen Reichsgerichtes wird besonders deutlich, dass die heutigen Kompetenzen des BVerfG keine Unabhängigkeit gegenüber des früheren Reichsgerichtes zeigte, daher diese Verfassung auch als "Vorbild" der später entstandenen Verfassungen galt und gilt, aber die Paulskirchenverfassung jedoch nie in Kraft getreten ist, da der preußische König sie ablehnte und sie dann nur "auf dem Blatt" existierte.

2.2.2 Weimarer Reichsverfassung - Staatsgerichtshof

Die Weimarer Reichsverfassung nahm 1919 in ihrer Verfassung der Staatsgerichtshof ein, das auch einige Verfahrensarten - vom Inhalt - von der Paulkirchenverfassung übernahm.

So besaß das Gericht zusammenfassend folgende Verfahrensarten:

- Streitigkeiten bei der Auslegung der Landesverfassungen
- Anklage der Minister, Reichspräsidenten und Reichskanzler

Was die Stellung des heutigen und des Staatsgerichthofs der damaligen Zeit betrifft, so sind ihre Stellungen, aufgrund Ungleichmäßigkeiten der Zuständigkeiten, nicht vergleichbar. So fehlte bereits der Schutz der Bürger in ihren Grundrechten auf höchster Instanz oder die abstrakte Kontrolle, die vorhanden war, aber dem Reichsgericht übertragen wurde. Diese Art von Verfassungsgericht zeigt an, dass ihm keine große Bedeutung zuteilwird, da er die „erhobenen" Zuständigkeiten weder groß innehatte noch den Begriff des "Hüter der Verfassung" prägte. Die entstandene Diktatur verwarf größtenteils den Schutz des Einzelnen und ließ ebenfalls kein Gericht errichten, die diesen "Menschenschutz" auch versicherte.

2.3 Der Verfassungskonvent von Herrenchiemsee 1948

Auf der Londoner Konferenz 1948 berateten die Alliierten - die Sech-Mächte-Konferenz - über einem neuen deutschen Staat. Sie entschieden sich für die Gründung und teilten die Ministerpräsidenten ihre Ergebnisse, anhand der Frankfurter Dokumente, am 1. Juli 1948 mit. Die Zuständigkeit für die bevorstehende Versammlung, die den Zweck hatte eine neue Verfassung zu bilden, trug den Namen "Parlamentarischer Rat", der nach Anweisungen der Militärgouverneuren bis zum 1. September 1948 Zustandekommen sollte, um die neue Verfassung zu bilden. Um aber an dem Rat bestimmte Entwürfe zu präsentieren und Vorlagen zu einzelnen Themen zu entnehmen, bildeten die Ministerpräsidenten den Verfassungskonvent, der eine Art "Sachverständigungsausschuss" für die Vorarbeiten des Parlamentarischen Rats galt.

> Die Zahl der Mitglieder zählt rund 30 Experten für verfassungs- rechtliche Fragen. Die Hauptarbeit des Konvents wurde in 3 Ausschüs- sen geleistet, die für die Verfas- sungsgerichtsbarkeit im 3. . Im Bereich der Verfassungs- gerichtsbarkeit wurde mehr der Blick auf das zukünftige BVerfG gesetzt, blieben aber dennoch umstritten.

Das zukünftige BVerfG erschuf der Konvent mit solch einer "Kompetenzfülle", die kein anderes Gericht dieser Art aufweisen kann.

Als das Ende des Konvents nahte, fertigten

Claus Leusser und Klaus Berto einen Bericht über grundlegende Aufgaben des BVerfG.

So waren folgende Zuständigkeiten gegeben:

- Das Organstreitverfahren (Art. 98 Nr.2 HChE)
- Die abstrakte Normkontrolle (Art. 110 HChE)
- Das Parteiverbotsverfahren (Art. 47 Abs.4 HChE)
- Das Wahlprüfungsverfahren (Art. 51 HChE)
- Die Feststellung der Grundrechtsverwirkung (Art. 20 Abs.2 HChE)
- Die Präsidentenanklage (Art. 85 HChE)
- Bund-Länderstreitigkeiten (Art. 44 HChE)

Fazit

Der Verfassungskonvent von Herrenchiemsee, der am 10. bis zum 23. August stattfand, hatte später entsprechende Auswirkungen auf die Grundgesetzberatungen am parlamentarischen Rat. Denn der 13-tätige Konvent ließ eine ganze Verfassung, die mehrheitlich Vorschläge waren, aber vom Inhalt, dem heutigen GG identisch sind, bilden. Im Zuständigkeitskatalog ist deutlich zu erkennen, dass das BVerfG schon im Konvent als deutlich "machtvoll" ausgezeichnet war.

Die Arbeit des Konvents hatte weithin Einfluss auf die Zuständigkeiten, die sich später im parlamentarischen Rat ergaben. Im Folgenden sind meist nur Vorstellungen ausgeführt, die zur Verdeutlichung geben, wie die Aussicht und die Blicke auf das BVerfG gerichtet waren:

2.4 Der Parlamentarische Rat 1948/49

Nach dem erfolgreichen Beenden des Konvents am 23. August 1948 bildete sich der, nach Anweisungen, am 1. September 1948 festgelegter Parlamentarischer Rat, der das entscheidende Material zur Bildung des GG war. Die Verteilung beruhte auf die Entscheidung der Landtage. Ihren gewöhnlichen Sitz hatten sie im Museum König, die Verkündung fand in der pädagogischen Akademie in Bonn statt. Als Hilfsmittel besaß der Parlamentarische Rat nicht nur die gescheiterte und dennoch vorbildliche Paulskirchenverfassung von 1849, sondern auch die gebildete bayerische Landesverfassungsverfassung, in 1946, lag als Vorlage. Von der geleisteten Arbeit des Verfassungskonvents 1948 wurden einige grundlegende Vorschläge aufgenommen. Eine ähnliche Methode wie vom Konvent errichtet und zum Zwecke intensiverer Arbeit, bildeten sich auch hier einzelne Ausschüsse. So war hier der "Fachausschuss für Verfassungsgerichtsbarkeit und Rechtspflege" für das BVerfG zuständig.

Vorstellungen des zukünftigen Verfassungsgerichtes

Bedeutende Vorstellungen der Verfassungsgerichtsbarkeit entwickelten mehrheitlich der CDU-Politiker Adolf Süsterhenn und der SPD-Politiker Walter Mentz. Süsterhenn, auch Teilnehmer des Konvents als Bevollmächtigter des Landes Rheinland-Pfalz, betonte deutlich die Notwendigkeit einer Verfassungsgerichtsbarkeit. So forderte er das BVerfG als "Hüter der Verfassung" darzustellen, als Bewahrer der Grundrechte, als Streitschlichter bei Meinungsverschiedenheiten bei Bund und Land und als Entscheidungsgeber bei Zweifel einer Norm. Vor allem die Unabhängigkeit des Gerichtes und ein Zitat von Konrad Adenauer forderte er vor Augen zu halten: *„Es gibt nicht nur eine Diktatur des Einzelnen, es kann auch eine Diktatur der parlamentarischen Mehrheit geben. Und davor wollen wir einen Schutz haben in der Form des Staatsgerichtshofes (BVerfG).*[1]*"* Als Stellung betrachtete Süsterhenn das BVerfG als "Spitze der Judikative", als "dritte Gewalt", als Kontrolleur des Parlamentes, als

---
[1] Akten zur Vorgeschichte der Bundesrepublik Deutschland Bd. 3, München-Wien 1982, S. 870.

ein unentbehrlicher Bestandteil im Machtgleichgewicht. Unterschiedliche Vorstellungen lassen sich bei Mentz sehen. Er hingegen forderte die Kontrolle vom Parlament auf das BVerfG. Jedoch aber auch die Unabhängigkeit des Gerichtes und eine starke Verfassungsgerichtsbarkeit war einer seiner Leitsätze.[2]

Besonders in den Beratungen für den Art. 92 GG sind die Vorstellungen des BVerfG zu sehen: Als die Frage kam, ob es eine Trennung zwischen den obersten Gerichten und dem BVerfG geben sollte, schlugen einige Mitglieder vor ein "Supergericht" aus dem BVerfG zu machen, wohin sich nur Walter Strauß gegen dieser Aussage abwandte.[3]

Vorstellungen in den Ausschüssen

Im Hinblick auf die Vorstellungen in den einzelnen Ausschüssen, konnte man ebenfalls deutlich große Unterschiede erkennen: Einer der Mitglieder des Fachausschusses für Verfassungsgerichtsbarkeit, Walter Strauß (CDU), forderte z.B. eine "Neuorganisation der Gerichtsbarkeit". Er präsentierte seinen Entwurf als einer Pyramide der Gerichtsbarkeiten.

An der Spitze -das oberstes Gericht- jedoch war vom BVerfG keine "Spur" zu sehen.

Walter Strauß äußerte sich selber dazu:

„Ein solches Gericht werde in der Luft schweben und selten zum Zuge kommen".[4] Häufig gerieten die Entwürfe des geplanten obersten Gerichts "in Zweifel", denn die Macher des BVerfG verwickelten sich oft in Debatten mit dem des obersten Gerichts. Der "Konkurrenzkampf" zwischen den Gerichten hatte später eines dieser Gerichte entmachtet, sodass die geplanten Entwürfe für das oberste Gericht "völlig beraubt" worden waren. Am Ende der Beratungen und den schließlich präsentierten Endentwürfen erklärten zwei Mitglieder des Rates (Otto Heinrich Grave und Paul de Chapeaurouge)[5]:

---

[2] PR Akten und Protokolle Bd. 9, München 1996, S. 46-68.

[3] V. Doemmming in JbdÖffR, Bd. 1, S. 693;

[4] Der Parlamentarischer Rat, 1948-1949: Akten und Protokolle, S. 1368

[5] PR Akten und Protokolle Bd. 13/II, S. 1520-1522.

> *„Das oberste Gericht kann als begraben angesehen werden. [...]im Augenblick ist Abschied zu nehmen."*

Die verschiedenen und unterschiedlichen Vorstellungen zeigen an, dass die Beratungen im parlamentarischen Rat "denkbar unglücklich" verliefen.

Was einen weiteren Punkt die genannten Vorstellungen begründet standen als Haupt-Hintergründe die Erfahrungen der Weimarer Republik, ins besonders die gelungene Machtübernahme (1933) der NSDAP. Der Parlamentarische Rat konnte nur durch den Erfahrungen dieser Zeiten einen Eindruck davon machen, dass weder das höchste Oberhaupt noch die Verfassungsorgane einen festen Stand der Verfassung erbringen konnten.

Entscheidungen

Jedes Verfahren, das heute im GG vorzufinden ist, stammt vom selben entworfenen Kompetenzkatalog, das vom parlamentarischem Rat entworfen worden ist. Allerdings war die Verfassungsbeschwerde die einzige, die nicht im GG enthalten war. In den Beratungen ist bei einer genaueren Analyse zu erkennen, dass die Beschwerde entweder vorgeschoben oder in Erwägung gezogen worden ist.

3 Zuständigkeiten

Um zu erkennen, welche große Bedeutung das BVerfG mit sich bringt, sind hier die Verfahrensarten beschrieben worden. Die 5 Erwählten Verfahren sind die Bedeutungsvollsten, auch wenn einiger dieser Verfahren geringe Zahlen bei ihren Eingängen zeigen, besitzen dennoch ihre Entscheidungen hohes Ansehen, Bedeutung, Wichtigkeit und vor allem Gültigkeit. Aus den von § 13 im Bundesverfassungsgerichtsgesetz stehenden Zuständigkeiten werden die wichtigsten Verfahren betont, die wie folgt lauten:

3.1 Verfahrensarten

1. Die Verfassungsbeschwerde;
2. Das Parteiverbotsverfahren;
3. Bund und Länder Streit;
4. Organstreitverfahren;
5. Abstrakte/Konkrete Normenkontrolle.

Um einen weiteren Überblick zu haben welche Problematiken das BVerfG schon in den frühen Jahren erlebt hat und die Zuständigkeiten immer wieder eine Wendung zu der Überlastung zu erkennen gaben, geben sich diese interessanten Themen auf dem Punkt 3.2 (Problematiken und Überlastung) zu sehen lassen.

3.1.1 Verfassungsbeschwerde (Artikel 93 (I) Nr. 4a GG)

Was ist das?

Die Verfassungsbeschwerde nimmt die wichtigste Rolle der Gesamtzuständigkeiten des BVerfG ein. Diese Art von Beschwerde, bei der gem. Art. 93 (I) 4a. GG "Jedermann" antragsberechtigt ist, ermöglicht Jeden, falls er behauptet, dass er durch öffentliche Gewalt in seinen Grundrechten (Art. 1-19) oder bestimmten grundrechtsgleichen Rechte (Art. 20 Abs. 4. 33, 38, 11, 13, 104 GG) verletzt worden ist, eine Verfassungsbeschwerde einzureichen. Demnach handelt es sich um einen "außerordentlichen Rechtsbehelf", d.h. Ein rechtliches Mittel/eine Möglichkeit mit der gerichtliche/behördliche Entscheidungen angefecht werden dürfen und mit der alle Hoheitsakte, d.h. Das Handeln auf höchster staatlicher Ebene, angegriffen werden können.

Der Zweck?

Eine Behauptung einer Verletzung öffentlicher Gewalt seiner Grundrechte oder bestimmten grundrechtsgleichen Rechte ermöglicht den Verletzten eine Verfassungsbeschwerde einzulegen, um seine individuellen Rechte, trotz der staatlichen Gewalt, durch den Staat durchzusetzen und sie möglichst zu schützen.

Voraussetzungen

Der Beschwerdeführer muss folgende grundlegende Voraussetzungen erfüllen, um die Verfassungsbeschwerde gültig und zulässig einzulegen: Das dem BVerfGG (§ 90 (I)) entnommene Gesetz lautet wie folgt:

„(1) Jedermann kann mit der Behauptung, durch die öffentliche Gewalt in einem seiner Grundrechte oder in einem seiner in Artikel 20 Abs. 4, Artikel 33, 38, 101, 103 und 104 des Grundgesetzes enthaltenen Rechte verletzt zu sein, die Verfassungsbeschwerde zum Bundesverfassungsgericht erheben."[6]

I. d.h. Der Beschwerdeführer muss selbst in den besagten Rechten verletzt worden sein, d.h. nur der Verletzte selbst darf Verfassungsbeschwerde einlegen (auch mit rechtlicher Vertretung) und muss behaupten, dass er in seinen Grundrechten **selbst**,

a. **gegenwärtig** und **unmittelbar** verletzt worden ist.

b. d.h. Eine gegenwärtige Verletzung muss in der Gegenwart sowie in der Zukunft (noch) Wirkung haben. Eine unmittelbare Verletzung fordert wenn der angegriffene Akt keinen weiteren Vollzugsakt voraussetzt um ihm gegenüber zu wirken.

II. d.h Er muss durch der öffentlichen Gewalt verletzt worden sein. Die öffentliche Gewalt wird auch als Staatsgewalt bezeichnet, bei der die vollziehende, gesetzgebende und die rechtsprechende Gewalt zählen. Zunächst bei einer Maßnahme oder eines Aktes der drei Gewalten, d.h. Wenn zunächst ein Hoheitsakt ergriffen wurde, kann der Beschwerdeführer eine Behauptung einer Verletzung seiner Grundrechte stellen.

Weiter lautet es:

„(2) Ist gegen die Verletzung der Rechtsweg zulässig, so kann die Verfassungsbeschwerde erst nach Erschöpfung des Rechtswegs erhoben werden. Das Bundesverfassungsgericht kann jedoch über eine vor Erschöpfung des Rechtswegs eingelegte Verfassungsbeschwerde sofort entscheiden, wenn

---

[6] Bundesverfassungsgerichtsgesetz § 90 (I), S. 20

sie von allgemeiner Bedeutung ist oder wenn dem Beschwerdeführer ein schwerer und unabwendbarer Nachteil entstünde, falls er zunächst auf den Rechtsweg verwiesen würde."[7]

I. d.h → Erst wenn Maßnahmen einer öffentlichen Gewalt ergriffen werden, ist der Rechtsweg eröffnet. Er ist der Weg der zu den ordentlichen Gerichten (z.B. Amtsgericht) führt. Der Beschwerdeführer muss also diesen Rechtsweg entgegennehmen, bevor er seine Verfassungsbeschwerde zum BVerfG einzulegen versucht. Die beschriebene "Erschöpfung" kommt schließlich dann, wenn dem Beschwerdeführer alle sonstigen Klagemöglichkeiten erschöpft worden sind, so wenn der Bf. Alle zuvor möglichen Rechtswege erfolglos überschritten hat.

II. d.h. → Der Grundsatz der Subsidiarität, d.h. Die Eigenverantwortung, ist ein wichtiger Bestandteil für die Einlegung der Verfassungsbeschwerde zum BVerfG. Er ist bedeutsam für die Einreichung der Beschwerde, denn der Grundsatz der Subsidiarität setzt jegliche Möglichkeiten voraus, die zur Verfügung stehen, zu nutzen.

III. d.h.→ Dem Beschwerdeführer steht jedoch vor dem Weg zum Rechtsweg eine andere

a. Möglichkeit offen die Beschwerde zum BVerfG einzulegen, falls die Beschwerde von allgemeiner Bedeutung ist oder dem B.führer, falls er vorerst zum Rechtsweg übergehen würde und ihm "ein schwerer Nachteil" entstehen würde.

Begründetheit

Ein ebenso unabdingbares Mittel zum Wege der Zulassung ist die sog. Begründetheit der Beschwerde, in der der Beschwerdeführer die Verletzung seiner Grundrechte ausführt.

Die nachfolgende Entscheidung der Beschwerde führt die Überprüfung der Aufnahmevoraussetzungen aus und unterdessen auch die Begründetheit. Sie wird unter dem persönlichen und sachlichen Schutzbereichen überprüft. D.h. per. Schutz. = Überprüfung des Beschwerdeführers, ob er sich überhaupt auf das GG berufen kann, d.h. es gibt Grundrechte, die für jeden Mensch oder nur für deutsche Grundrechtsträger gelten, das vom angegebenen

---

[7] Bundesverfassungsgerichtsgesetz § 90 (II), S. 20

Grundrecht abhängig ist. Unter dem sachlichen wird die Maßnahme der öffentlichen Gewalt geprüft. Somit ist die Begründung unter den zwei besagten "Schutzbereichen" zu verstehen.

Entscheidung des BVerfG

Kammer

Als entscheidende Zulassung steht die sog. Kammer (früher Vorprüfungsausschuss), die aus drei Richtern besteht. Sie besitzt drei Möglichkeiten die Verfassungsbeschwerde einzusortieren. Die besagten Voraussetzungen werden als Zulassungsvoraussetzungen bezeichnet und werden "direkt" von der zuständigen Kammer geprüft. Falls eine oder mehrere nicht vorhanden sind, also unzulässig ist oder keine Aussicht auf Erfolg hat, wird sie als "unbegründet" gekennzeichnet und abgelehnt. Falls die verfassungsrechtliche Frage bereits entschieden wurde, kann die Kammer die begründete V.Beschwerde stattgeben.

Senat

Wenn dies jedoch nicht der Fall ist und sie dennoch begründet ist, wird sie dem zuständigen Senat übergeben, der dann für die Annahme entscheidet, jedoch nur wenn zwei der Richter einverstanden sind, dass die Beschwerde, falls sie abgelehnt wird, ein "schwerer und unabwendbarer Nachteil" auf den B.führer entstünde oder wenn eine "verfassungsrechtliche Entscheidung der Klage" zu erwarten ist. Wenn sie angenommen wird, so wird erneut überprüft, ob die zwei besagten Schutzbereiche eine Verletzung der Grundrechte aufweisen.

Entscheidung

Zuletzt erklärt das Gericht die Entscheidung für verfassungswidrig und weist sie dem vorbeantragten Gericht zurück.

3.1.2 Parteiverbotsverfahren (Art. 21 (II) GG)

Was ist das?

Das Parteiverbotsverfahren ermöglicht die Antragsteller (Bundesrat, Bundestag, Bundesregierung) verfassungswidrige Parteien durch der Entscheidung des Bundesverfassungsgerichts zu verbieten.

Wann ist eine Partei verfassungswidrig?

Nach Art. 21 (II) GG werden verfassungswidrige Parteien wie folgt beschrieben:

„*(2) Parteien, die nach ihren Zielen oder nach dem Verhalten ihrer Anhänger darauf ausgehen, die freiheitliche demokratische Grundordnung zu beeinträchtigen oder zu beseitigen oder den Bestand der Bundesrepublik Deutschland zu gefährden, sind verfassungswidrig. Über die Frage der Verfassungswidrigkeit entscheidet das Bundesverfassungsgericht.*"[8]

I. d.h. Parteien die verfassungsfeindlich sind, d.h. Parteien deren Ziele und Ideen die verfassungsmäßige Ordnung ablehnen, sind nicht vergleichbar mit der Verfassungswidrigkeit. Parteien gelten erst als verfassungswidrig, wenn mit Gewalt die Ablehnung oder Beseitigung der freiheitlichen demokratischen Grundordnung gehandelt wird. Das Verbot - der KPD- ist ein Beispiel, die Gewalt in Handlungen gebracht hat und die durch "*Verstoß gegen die freiheitlich demokratische Grundordnung und aktiv kämpferischer aggressiver Haltung gegenüber der bestehenden Ordnung*" [9] als verfassungswidrige Partei eingestuft wurde.

II. d.h. Im Hinblick über die Frage der Verfassungswidrigkeit betonte das BVerfG selbst zum KPD-Verbot von 1956:[10]

III. „*Eine Partei ist nicht schon dann verfassungswidrig, wenn sie die obersten Prinzipien einer freiheitlichen demokratischen Grundordnung nicht anerkennt; es muss vielmehr eine aktiv kämpferische, aggressive Haltung gegenüber der bestehenden Ordnung hinzukommen.*"

I. d.h. Daher muss von der betroffenen Partei, die Beseitigung der freiheitlich demokratischen Grundordnung durch "eine aktiv-kämpferische, aggressive Haltung" zum Ausdruck gebracht werden, um ein Parteiverbot zu ermöglichen. Einen weiteren gleichen Aspekt für ein Parteiverbot betonte das BVerfG zum KPD-Verbot:

---

[8] Grundgesetz Art. 21 GG, S. 22

[9] BVerfGE 2, 1 (12 f).

[10] 11 http://www.servat.unibe.ch/dfr/bv005085.html

„Art. 21 Abs. 2 GG verlangt nicht wie § 81 StGB ein konkretes Unternehmen; es genügt, wenn der politische Kurs der Partei durch eine Absicht bestimmt ist, die grundsätzlich und dauernd tendenziell auf die Bekämpfung der freiheitlichen demokratischen Grundordnung gerichtet ist."

Was ist der Zweck des Parteiverbotsverfahrens?

Parteien sind wichtig für ein demokratisches System. Sie sind für ein funktionelles System einer Demokratie ein unentbehrlicher Bestandteil. Das Parteiverbotsverfahren hat seinen Hintergrund vor dem zweiten Weltkrieg als die erste Demokratie gefährdet von einer

verfassungsfeindlichen Partei übernommen wurde. Der Zweck des Parteiverbotsverfahrens liegt darin verfassungswidrige, d.h. Parteien, die die Beseitigung der freiheitlichen-demokratischen Grundordnung, die Beseitigung und die Ablehnung der Grundordnung mit (öffentlicher) Gewalt anstreben, zu verbieten, um ein Risiko für eine gefährdete Demokratie von einer verfassungswidrigen Partei zu senken und um den Schutz und die Festigkeit der Demokratie zu sichern.

Voraussetzung für eine Anklage

Eine schriftliche Anklage mit Begründung -gem. Art. 21 GG- von Bundesrat, Bundestag und Bundesregierung wird im Vorverfahren des BVerfG überprüft und als entweder un- oder zulässig festgestellt. Auch die Landesregierung ist antragsberechtigt, jedoch beschränkt sich das mögliche Verbot der Partei nur auf das jeweilige Land (§ 43 BVerfGG).

Ablauf des Verfahrens

Das Verfahren darf von der angeklagten Partei verteidigt werden. Die Entscheidung der Vertretung bildet sich aus § 44 BVerfGG und die Verteidigung aus § 45 BVerfGG. Es bildet sich die Entscheidung auf Verfassungswidrigkeit der Partei.

3.1.3 Das Bund und Länder Streitverfahren (Art. 93 (I) Nr. 3 GG)

Was ist das?

Es handelt sich hierbei um Meinungsverschiedenheiten über verfassungsrechtliche Rechte zwischen der Bundesregierung und der beteiligten Landesregierung und gegebenenfalls Streitigkeiten zwischen zwei Bundesländern. Es handelt sich um ein "kontradiktorisches Verfahren", d.h. In der Rechtssprache: Einer der gegenüberstehenden hat Un- oder R/recht.

Der Zweck?

Das Bund und Länder Streitverfahren ermöglicht Bund und Land ihre Kompetenzen durch die Entscheidung des BVerfG zu sichern. Es ermöglicht ihnen eine Methode zu ergreifen, bei der sie das BVerfG über verfassungsrechtliche Fragen in ihrem Streit entscheiden lassen, um eventuelle langfristige Streitigkeiten zu vermeiden und um der jeweiligen "versagten Regierung" in ihren Rechten und Pflichten weiterzubestehen und weder Maßnahmen zu ergreifen, die über ihren eigentlichen Rechten und Pflichten herausragen.

Voraussetzungen

Die Antragsgbefugnis lässt sich für die Verdeutlichung des Verfahrens aus § 69, 64 BVerfGG und aus der Website des Bundesverfassungsgerichtes entnehmen:

„*Der Antragsteller muss im Bund-Länder-Streit geltend machen, dass ein ihm zustehendes föderales Recht durch den Antragsgegner unmittelbar verletzt oder gefährdet worden ist.*"[11]

I. d.h. ⇁Der Antragssteller darf nicht begründen, dass der Antragsgegner gegen einem Recht verstößt, sondern sein eigenes *föderales Recht* durch einer Maßnahme des Antragsgegners verletzt oder gefährdet worden ist.

II. d.h ⇁Das föderale Recht leitet sich vom politischen Föderalismus ab und bezieht sich auf die Eigenzuständigkeiten eines Gliedes, d.h. eines Bundeslands.

III. d.h.→ Demnach herrscht das auch selbst von BVerfG eingeführte "Prinzip der Bundestreue", das in einem Urteil von 1957 verdeutlicht ist:

„*...Daraus ist herzuleiten, dass im Bundesstaat auch nichts geschehen darf, was das Ganze oder eines der Glieder schädigt.* "[12]

I. d.h. ⇁Das obengenannte Zitat verdeutlicht, dass falls der Bund eine Maßnahme ergreift, die beispielsweise Schwierigkeiten bei der Ausübung der Zuständigkeiten

---

[11] http://www.bundesverfassungsgericht.de/DE/Verfahren/Wichtige-Verfahrensarten/Bund-Laender-Streit/bund-laender-streit_node.html

[12] BVerfGE 6, 309 (361)

des Gliedes hervorrufen kann, eine weitere Antragsbefugnis für das jeweilige Land zur Verfügung steht.

Nach § 68 BVerfGG sind Bundesregierung und die jeweilige Landesregierung antragsberechtigt. Ebenfalls existiert der Streit zwischen zwei Gliedern, das als Zwischenländerstreit bezeichnet wird.

Das sogenannte Vorverfahren, das in Art.84 IV GG geregelt ist, besagt, dass wenn die Länder Bundesgesetze als eigene Angelegenheit ausführen ist bei Meinungsverschiedenheiten zunächst der Bundesrat anzurufen. Erst gegen den Beschluss des Bundesrates kann das Bundesverfassungsgericht angerufen werden (Art. 84 Abs. 4 GG). In anderen Fällen gibt es ein solches Vorverfahren nicht.

Entscheidung des Verfahrens

Die Entscheidung bildet sich aus § 72 Abs. 2 BVerfGG und lautet wie folgt:

„(2) In dem Verfahren nach § 71 Abs. 1 Nr. 3 stellt das Bundesverfassungsgericht fest, ob die beanstandete Maßnahme oder Unterlassung des Antragsgegners gegen eine Bestimmung der Landesverfassung verstößt. Die Vorschriften des § 67 Satz 2 und 3 gelten entsprechend."[13]

I. d.h.→ Die Entscheidung beruht allein auf das BVerfG. Es stellt den Verstoß gegen das GG oder der Landesverfassung fest, dabei sind die Verfassungsorgane nach der Entscheidung, gem. Art. 2 (3) GG, für die Streitenden verantwortlich.

3.1.4 Organstreitverfahren (Art. 93 I Nr. 1 GG)

Was ist das?

Dieses Streitverfahren bezieht sich auf die Streitigkeit zwischen den obersten Verfassungsorganen oder den jeweiligen Antragsberechtigten. Hierbei handelt es sich, gem. Art. 93 I GG, i.d.R um eine Verletzung der verfassungsmäßigen Rechte des Antragsstellers, die durch einem Akt oder einer Maßnahme des Antragsgegners hervorgerufen wird. Die Struktur des Verfahrens gleicht dem Bund-Land Streit.

---

[13] Bundesverfassungsgerichtsgesetz § 72 Abs. 2, S. 17

Der Zweck?

Durch diesem Verfahren können (fehlerhafte) Maßnahmen eines Organs bzw. eines Antragsberechtigten vermieden werden, die allgemein gefährden oder, wie in diesem Fall, die Verletzung der Verfassungsrechte eines Organs (Berechtigten) hervorrufen können.

Voraussetzungen?

In § 63 BVerfGG sowie in Art. 93 Abs. 1 Nr. 1 werden die Antragsberechtigten erläutert. Dabei ist zu beachten, dass im GG der Begriff „andere Beteiligte" auftritt. Im BVerfGG ist dies in einer ausführlicheren Weise ausgeführt worden und beschreibt, dass folgende Antragsberechtigt sind: Bundespräsident, Bundestag, Bundesrat, Bundesregierung, die Bundesversammlung, der Bundeskanzler, die Bundesminister und einzelne Bundestagsabgeordnete sowie Parteien. Dabei müssen die besagten Berechtigten weiter folgendes beachten.

Der sog. Antragsgegenstand ist in § 64 (I) dargestellt worden:

„Der Antrag ist nur zulässig, wenn der Antragsteller geltend macht, dass er oder das Organ, dem er angehört, durch eine Maßnahme oder Unterlassung des Antragsgegners in seinen ihm durch das Grundgesetz übertragenen Rechten und Pflichten verletzt oder unmittelbar gefährdet ist. "[14]

I. d.h. Die Zulassung gelingt dann, wenn der Antragsgegner in seinen Rechten und Pflichten durch einer Maßnahme des Antragsgegners verletzt oder gefährdet worden sind. Dies kann z.B. ein Erlass eines Gesetzes vom Bundestag sein, dass die Rechte des Bundesrates gefährdet.

II. d.h.→ Es kann gem. Gesetz auch eine Unterlassung geben, die ein Risiko einer Verletzung eines Antragsberechtigten erhöht, sein.

Dem Antragsteller stehen seine Rechte zur Verfügung, die im GG für jeden Antragsberechtigten verankert worden sind und nur diese Rechte als Gegenstand für das Verfahren genutzt werden dürfen. Folglich besteht gem. § 64 (III) eine sechsmonatige Frist nach der hauptsächlichen Verletzung. Die sogenannte Begründetheit ist erfüllt, wenn die Maßnahme bzw. Die Unterlassung begründet vom Antragsgegner gegen dem jeweiligen Recht/Pflicht/Kompetenz verstößt/gefährdet dargelegt wird. Weitere Genehmigungen sind in

---

[14] Bundesverfassungsgerichtsgesetz § 64 (I), S. 15

§ 65 BVerfGG erläutert worden: Wenn im Falle der Entscheidung des Gerichtes einer der Antragsberechtigten behauptet, dass ihm seine Rechte im GG verletzt werden können kann er dem Antragsgegner beitreten. Falls ein Antragsberechtigter behauptet, dass ihm ebenfalls Rechte vom selben Antragsgegner gefährdet oder verletzt worden sind, kann er sich dem Verfahren beteiligen, indem er dem Antragssteller beitretet und die Zulassung erfüllt.

Entscheidung des Verfahrens

Gemäß § 67 BVerfGG wird der Vorgang der Entscheidung wie folgt beschrieben:

„Das Bundesverfassungsgericht stellt in seiner Entscheidung fest, ob die beanstandete Maßnahme oder Unterlassung des Antragsgegners gegen eine Bestimmung des Grundgesetzes verstößt.[15]

I. d.h § 65 (II) BVerfGG erklärt vorerst, dass zunächst den Organen Kenntnis über dieses Verfahren gegeben wird.

II. d.h Falls eine Zulassung stattfindet, wird der Verstoß gegen die verfassungsmäßigen Rechte, hervorgerufen durch einer Maßnahme des Antragsgegners, festgestellt, jedoch keine Handlung auf den Antragsgegener verpflichtet, aber dennoch gilt die Entscheidung des BVerfG zu beachten und gegebenenfalls umzusetzen. Falls jedoch kein Hinweis auf ein Verstoß festgestellt werden kann, gilt der Antrag als "unbegründet"; Nicht wird für verfassungsfeindlich erklärt.

3.1.5 Abstrakte/Konkrete Normenkontrolle (Art. 93 Abs. 1 Nr. 2 und 2a GG)

Was ist das?

Die Normenkontrolle ist eine Kontrolle bzw. eine Feststellung oder eine Verzweiflung, dass ein jeweiliges bereits verkündetes Bundes- und Landesgesetz gegen das Grundgesetz oder sonstiges Bundesrecht verstößt.

Der Zweck von Normenkontrollen?

Dieses Verfahren ist besonders für den Schutz des Grundgesetzes oder eines Bundesrechtes vor unübereinstimmende Gesetze gedacht. Demnach könnten Folgen bestünden, die aus

---

[15] Bundesverfassungsgerichtsgesetz § 67, S. 16

diesen fehlerhaften Normen negative Folgen hervorrufen, die aber durch das Verfahren als nichtig erklärt werden können.

Unterschied - Abstrakte und Konkrete Normenkontrolle

Der Unterschied besteht nur darin, dass es in der abstrakten Normenkontrolle andere Antragsberechtigte (ein Drittel des Bundestages, Bundesregierung, Landesregierung, gem. § 76 BVerfGG) gibt als in der konkreten Normenkontrolle (jedes Gericht).

Voraussetzungen für die abstrakte Normenkontrolle

Als Antragsberechtigte zählen gem. § 76 (I) BverfGG und Art. 93 Abs. (II) Nr.2: Ein Viertel des Bundestages, Bundesregierung, Landesregierung. Der Gegenstand dieses Verfahrens ist, wie erwähnt, ein Bundes-oder Landesgesetz, das nach Zweifel der Antragsberechtigten als verfassungswidrig oder nichtig erklärt werden muss. Demnach muss der Antragssteller in seiner Begründung das Gesetz *„wegen seiner förmlichen oder sachlichen Unvereinbarkeit mit dem Grundgesetz oder dem sonstigen Bundesrecht für nichtig halten oder für gültig halten, nachdem ein Gericht, eine Verwaltungsbehörde oder ein Organ des Bundes oder eines Landes das Recht als unvereinbar mit dem Grundgesetz oder sonstigem Bundesrecht nicht angewendet hat."*[16]

I. d.h. Der Antragssteller könne als Antragsgrund entweder Zweifel ausstellen, die eine Nichtigkeit des bereits verkündeten Gesetzes begründen oder er das Recht für gültig hält, nachdem sie als unvereinbar mit dem GG oder Bundesrecht nicht angewendet wurde durch ein Gericht, eine Behörde oder ein Staatsorgan.

Als Antragsberechtigt zählt gesondert auch der Bundesrat, wie Art. 93 I Nr. 2 a erläutert. Als Zulassung jedoch nur gelten lässt, wenn der Bundesrat als Begründung die "Unvereinbarkeit des Gesetzes mit den Voraussetzungen des Art. 72 II GG" nimmt.

Voraussetzungen für die konkrete Normenkontrolle

Für die konkrete Normenkontrolle gelten dieselben Voraussetzungen, außer das Antragsberechtigt jedes Gericht ist.

---

[16] Bundesverfassungsgerichtsgesetz § 76 (I), S. 18

Entscheidung des Verfahrens

Verstoß erkannt	Kein Verstoß erkannt
Feststellung der Norm Eines Verstoßes gegen dem GG oder sonstigem Bundes- recht; Demnach ist das beantragte Gesetz "verfassungs- widrig" oder gem. § 78 BVerfGG als nichtig" = "ex Tunc" erklärt; Ein Verbot der Anwendung des Gesetzes; Eine Änderung ist abzuwarten.	Falls die Begründung keinen Hinweis auf einen Verstoß gegen das GG feststellt, gilt der Antrag als "unbegründet".

3.2 Problematiken und Änderungen

Der besagte Aufbau des Gerichtes (siehe 1.3 Aufbau und Organisation) und die Zuständigkeiten des jeweiligen Senats führen zu einer Veränderung zurück, die nach der Gründung des Gerichtes ein Ungleichgewicht hervorriefen. Die Verfassungsbeschwerde schaffte es als "Lösung anzutreten" und bildete umso mehr den Kern zur Bewältigung der Problematiken.

Das "Ungleichgewicht" der beiden Senate, die von der unten stehenden Tabelle abzulesen sind, zeigen 4 Jahreseingänge - eine Gesamtdistanz von 20 Jahren - Das Gründungsjahr 1951 hatte starke Unterschiede, was die Verteilung der Arbeiten betrifft. Es zeigt den ersten und zweiten Senat mit je 476 und 5 Verfahren und schließlich insgesamt 481 Verfahrenseingänge, fünf Jahre später mit je 734 und 74 Verfahrenseingängen, die erneut einen zu großen Unterschied einnahmen, die jedoch aufgrund stufenweiser Bekanntheit erlangt worden sind und weder eine Gesetzesänderung durchgeführt wurde.

Tabelle zur Betrachtung der Veränderungen der Verfahrenseingänge des BVerfG von 1951-1965

Jahr	Erster Senat	Zweiter Senat	Insgesamt
1951	476	5	481
1956	734	74	808
1961	544	512	1056
1965	767	737	1504

Quelle: www.bundesverfassungsgericht.de

Erst 1961 zeigte sich eine Stabilität der beiden Senate. Im Folgenden sind die Veränderungen der Verfassungsbeschwerde und der Grund für die Stabilität beschrieben:

Das Problem der Verteilung der Arbeiten an die Senate wurde frühzeitig erkannt und schließlich behandelt. Der Anschub für eine Änderung war das BVerfG, das dem Gesetzgeber um Änderung des § 14 BVerfGG bat. Folgende Lösungen wurden eingesetzt:

26.07.1956	§ 14 BVerfGG wurde geändert, indem die Verfassungsbeschwerde auch Teil des 2. Senats wurde.
11.10.1956	Das Vorprüfungsverfahren wurde in § 91a eingefügt, das für die Entlastung der Senate notwendig gewesen war.
03.08.1963	Für eine größere Entlastung änderten die Gesetzgeber das Vorprüfungsverfahren in einem Aufnahmeverfahren, indem das BVerfG die Verfassungsbeschwerde auch komplett ablehnen kann.
21.12.1970	Die Kammern haben nun durch einer Änderung die Möglichkeit die Beschwerde als un- oder zulässig zu kennzeichnen, indem sie als Grund "keine Aussicht auf Erfolg" begründen dürfen.

3.2.1 Überlastung?

Bis 2015 wurden insgesamt 209.374 Verfassungsbeschwerden erledigt. Davon waren etwa 4.872 (2,3%) erfolgreich. Es beruhen unterschiedliche Gründe warum ausgerechnet eine Zahl wie diese auf dem Blatt existiert. Eine der Gründe ist die Überlastung, die im Folgenden beschrieben wird. Zum einen sind Lösungsansätze für dieses Problem ausgeführt worden und zum anderen das Handeln der eingesetzten Beratungen vom Bundesministerium. Die Überlastung, die sich bereits nach der Gründung und den immer angestiegenen Zahlen zeigte, rief aus den besagten Lösungen (1956, 1963, 1970) eine Entlastung hervor. Das hieß jedoch nicht, dass nach diesen Änderungen keine weiteren Lösungen diskutiert wurden, da die Erfolgszahlen der Verfassungsbeschwerde blieben bzw. geblieben sind.

1. Lösungsansatz

Da man sah, dass die Verfassungsbeschwerde das Problem dieses Problems sei, nahm man zu den Lösungen Änderungen der Beschwerde vor. So sieht einer der Lösungsansätze die komplette Abschaffung der Verfassungsbeschwerde aus. Ein solcher Ansatz wäre in der Praxis umgesetzt um einiges strittig, da in erster Linie Änderungen per Abstimmung durch einer Mehrheit entweder zugestimmt oder abgelehnt werden. Da aber die Beschwerde ein sehr striktes Rechtsbehelf ist, das nur vom BVerfG in höchster und letzter Instanz aufzunehmen ist, eins von sehr hoher Bedeutung und eine hohe Notwendigkeit besitzt, besonders für den Bürger, d.h. ein Bewahrer der Grundrechte ist, scheint es um einiges weit empfunden zu sein und könnte eine Ablehnung offensichtlich erst gar nicht in Erscheinung bringen.

2. Lösungsansatz

Der besagte Ansatz könnte zwar die komplette Beseitigung gar nicht erst erreichen, jedoch wäre eine Einengung dagegen möglich, wie sie

in den 60er Jahren erfüllt wurde. So sagt der 2. Lösungsansatz eine Beschränkung der Aufnahmevoraussetzungen aus. Möglich einer Beschränkung wäre z.B. die Einfügung einer Aufnahmegebühr oder einer schnelleren und einfacheren Methode der Zulassung oder der Entscheidung. Solche Änderungen haben eher eine höhere Wahrscheinlichkeit "gut" aufgenommen zu werden, da sie deutlich besser in der Praxis umgesetzt werden können, als ein ganzes Verfahren "auszuschalten".

Beratungen für eine Entlastung

Der Bundesjustizminister Prof. Dr. Edzard Schmidt-Jortzig eröffnete 1996, aufgrund Unklarheiten, ob eine zu große Überlastung auf das BVerfG existiert, eine Kommission für die Überprüfung und für Verbesserungsvorschläge der Überlastung. Folgende Ergebnisse wurden festgestellt:

I. Die Überprüfung erfolgte mit einem Ergebnis, das besagte, dass die Überlastung "nicht zu sehr" hoch eingestuft werden kann. Da aber dennoch eine Überlastung vorhanden ist, ließ man trotz dessen Vorschläge nicht aus;

II. Unter den Vorschlägen befand sich die Abschaffung der V.Beschwerde; Eindämmung einzelner Aufnahmevoraussetzungen; Einfügung der Annahmen eines aus Amerika bekanntes Verfahrens; Eine stärkere Einbeziehung der Landesverfassungsgerichte;Errichtung eines dritten Senats; Erhöhung der Zahl der Richter; Einführung des Anwaltszwanges.

Die eingesetzte Kommission stellte insbesondere fest, dass das Arbeitsvolumen der Richter um jedes Jahr verdreifacht wird und sich seit 1954 verzehnfacht hat, also eine Überlastung vorliege. Diese Vorschläge wurden jedoch weder im GG noch im BVerfGG eingefügt.

1998 lag das Bundesjustizministerium einen 180-seitigen Bericht vor, das mit den besagten und weiteren Vorschlägen gefüllt war. Unterdessen sah man die große Befürwortung die Landesverfassungsgerichte mehr einzubeziehen und das abgesicherte Verfahren des Supreme Courts anzunähern. Trotz dessen schaffte das BVerfG trotz steigender Zahlen bzw. Verfahrenseingängen die ihm gestellten Aufgaben zu bewältigen, jedoch aber auch nicht immer: Zwei aktuelle Beispiele zeigen die Überlastung deutlich an:

I. März 2012 - Der Präsident des Bundesverfassungsgerichts Andreas Voßkuhle fordert eine "Mutwillensgebühr" für völlig erfolglose Verfassungbeschwerden.

II. Mai 2015 - Der Präsident des Bundesverfassungsgerichts Andreas Voßkuhle sendet einen "Hilferuf an die Politik"- Grund dafür sei eine große Überlastung auf die Richter, was dem Gericht „ernsthafte Schäden" drohe.

BEI GRIN MACHT SICH IHR WISSEN BEZAHLT

- Wir veröffentlichen Ihre Hausarbeit, Bachelor- und Masterarbeit
- Ihr eigenes eBook und Buch - weltweit in allen wichtigen Shops
- Verdienen Sie an jedem Verkauf

Jetzt bei www.GRIN.com hochladen und kostenlos publizieren